Linda Hoffmann

emotionica

Lyrische Gefühlsausbrüche

www.tredition.de

emotionica

Umschlaggestaltung, Illustration: Linda Hoffmann
Lektorat, Korrektorat: Dorin Nissen

Verlag: tredition GmbH, Mittelweg 177, 20148 Hamburg
Printed in Germany
ISBN: 978-3-8472-3487-6

Bibliografische Information der Deutschen Nationalbibliothek:
Die Deutsche Nationalbibliothek verzeichnet diese Publikation in der Deutschen Nationalbibliografie; detaillierte bibliografische Daten sind im Internet über http://dnb.d-nb.de abrufbar.

Gefühle

brechen aus und lassen sich ungern einfangen

Ich habe es versucht

auferstanden

nachdem du gingst
habe ich dich gesucht

überall

schließlich
fand ich mich
wieder

Innige Gedanken

Deine leisen Augenblicke waren es,
die meinen Schleier hoben.
Ich bat dich in mein Nest
und wir schwebten in der Zeitlosigkeit.

Auch wenn dein Bild verblasste

und nur ein farbloser Schatten blieb,

so singe ich mit Freuden

für das Wunder,

das du mir geschenkt hast.

龘騽

Depressives Selbstgespräch

Die Puppe im Spiegel,

sie flüstert mir zu,

dass die Welt da draußen

doch eigentlich bunt sein müsste.

Ich weine ganz leise

Und schüttle den Kopf.

Bunt ist der Himmel

nur in Büchern.

Eiskalt

schnee

fällt leise

kühlt wut und zorn

umhüllt

mit einem weißen mantel

drunter bleibt es warm

Liebe ist wie Krebs

ohne vorwarnung ist sie da

nagt an dir

verstreut sich

klebt an allen organen

tut weh, macht krank

verkapselt sich

schläft

kann sogar töten

den krebs

kann man besiegen

die liebe

gewinnt immer

auf ihre weise

Idol

Steig nicht herab

Komm nicht zu mir

Bleib auf deinem Sockel

So seh ich dich

und will ich dich

und nicht in meinen Armen

Zwar mag ich dich
begehr ich dich
doch da ist auch die Angst

vor zu viel Nähe
vor Zärtlichkeit
vor allem vor der Liebe

Drum bleibe da
Ich bleibe hier
Und seh zu dir empor

Komm nicht zu nah
Bleib mir fern
So ist es wohl am Besten

Sieh mich nicht an
und lächle nie
wenn mein Blick dich trifft

Lack

Der Lack ist ab,

zersplittert.

Nackt

liegt die Wahrheit da,

entblößt sich schamlos.

Versuche zu retten,

was noch zu retten ist.

Mache es nur schlimmer.

Schließlich greife ich

zu Aceton und Wattepad,

und lackiere den Nagel neu.

Öl

steigt siedend auf

wehrlos
wenn es über Lippen läuft
zäh
aus dem Mund tropfend
feuchte Flecken
auf dem Untergrund

sieh hinab
lass dich fallen

Öl

verklebt die Flügel

taumelnder Absturz
ins brodelnde Fass
unvermeidbar

nur eine Frage der Zeit
der Untergang

Die Maske

Nach außen trag dein Grinsen,
die spitze Zunge auch.
Das ist, was sie verstehen,
nicht deiner Seele Not.

Trage deinen Panzer
wie der Clown den roten Mund.

Feile dir die Nägel,
dass sie als Waffe dienen.
Lackier sie dir mit Blut
im selben Rot der Lippen.

Verstecke deine Sehnsucht,
trag sie im Geheimen.

Der Welt zeig blaue Augen
aus denen die Sonne scheint.
Und lache mit der Stimme,
die nie in Wolken wohnt.

Wenn du dann spät zur Nacht gehst
zieh deine Haut dir ab.
Und sei im fahlen Mondlicht,
der Mensch, der du gern wärst.

驚罪

Die Nadel

Die Nadel streichelt meine Haut,
die beißt mich bittersüß.
Winzig kleine rote Tropfen
mischen sich mit schwarzer Tinte.
Mit jedem heißen Kuss der Nadel
zeichnen scharfe Linien
ein unauslöschbares Bild.

Das Brennen weckt die List auf mehr.

Ein Körper unter Strom.

Ein Aufstieg in hohe Höhen,

wie ein Trip.

Kunst am Körper wo einst Nacktheit,

gezeichnet für das Leben.

Ein Leben für die Nadel.

🕱🕱

Selbstmitleid

Ach, ich arme kleine Seele,

wie ich mich auf Erden quäle.

So sehr ich mich auch sehne,

es habe meine Eltern Gene

keinen Liebreiz mir gegeben.

Auch auf allen meinen Wegen,

kommt nur Kälte mir entgegen.

Immer werde ich gerügt,
niemals bin ich recht vergnügt.

Niemals wird mich jemand lieben,
stets muss ich allein liegen.
Möcht das Leben so nicht leben,
werd es mir dann lieber nehmen.

Irgendwann ist es vorbei.
Start und Ende in einem Schrei

innenschau

entseelte augen blicken stumpf
erinnern sich in sepia
als kinderlachen ehrlich klang
doch in federn dann verstummte

verloren ging so vieles

als das kind zum weib gemacht

nur die blinden sahen zu

auf den armen weißen striemen

erzählen offen das geheimnis

erzählung einer kindheit

die niemals vergessen kann

電腥

Robbie

Deine Augen

grüne Labyrinthe

In denen ich mich verirre

Dein Gesang

pure Lust

in der ich mich winde

Du

der größte Diamant

im Vereinten Königreich

Mitte?

Im Feuer geschwommen
heiß und wild
verlor ich das Bild
von meiner wahren Größe

Das Quecksilber fiel
von hoch zu tief
und ich schlief
in gänzlicher Schwärze

Nun frag ich dich,
wo ist die Mitte hin?
Macht es wirklich Sinn
nur sie zu kennen?

Haut

Schorfige Krusten
weinen leise Tropfen.

Samtiger Stahl
berührt sacht rote Streifen,
die schreien:

BERÜHR MICH!!!

Es sieht die Angst
vor dem

JA

Du, der Virus

Ich will, dass du gehst!
Geh aus meinem Kopf,
verlass mich!
Verschwinde!

Doch immer wieder
sehe ich dein Gesicht vor mir
und spüre dich in meinen Venen.
Wie ein Virus
hast du dich festgesetzt
und vergiftest mich.

Werde ich dich denn nie los?

Hängende Rosen

Köpfe hängen traurig

an gebeugten Hälsen.

Vertrocknet trotz Wasser.

Es fehlt die Liebe.

Blätter fallen

lautlos auf totes Haus.

Achtlos werden sie fortgeworfen.

Sinne bleiben unberührt.

Altes Rot modert vor sich hin.

Vergessen in der Ecke.

Bis schließlich

sich jemand erbarmt

und es entsorgt.

totes Herz

Blitze aus Eis

treffen ins Herz.

Kein Schmerz dringt dahin.

Herz aus Stein

schlägt Funken

tief versunken in schwarzem Nichts.

Blitzens Feuer

kann nicht glühen,

umsonst die Mühen, ohne Zunder.

Toter Stein

kann nicht brennen.

Du wirst erkennen, was es heißt.

Ganz plötzlich

Ich sah in deine Augen,

sah dieses Glitzern.

Ein Funkeln

von tausend Edelsteinen.

Ich spürte die Hitze deiner Hände,

deine Wärme,

die mich durchströmte.

Und ganz plötzlich,

da wusste ich:

Ich liebe dich!

Wissenschaft

Im Regen singen, auf Wolken tanzen,
Bäume voller Träume pflanzen.
Des Universums Geheimnisse wissen,
Sterne umarmen und dann küssen.

Fliegen Menschen auf den Mond?
Ist die Venus unbewohnt?
Lass die Hoffnung niemals sterben,
dass deine Wünsche Wahrheit werden.

Das Gefühl der Kindertage
bringt manche Wahrheit noch zu Tage,
die die Wissenschaft nicht ahnt,
weil sie streng ist und zu starr.

Denn was am Rande sich bewegt
sieht niemals, wer Scheuklappen trägt.

Tausend

Träume geträumt

Wolken fortgeweht

Gefühle wallen

Wege beschritten

Stunden geblieben

Gebete gesprochen

Meilen gerannt

Stunden geraubt

Lügen geglaubt

Sachen verbrannt

Herzen gebrochen

Worte geschrieben

Tränen geweint

Schmerzen erlitten

Himmel tief gefallen

Höllen überlebt

Trümmer geräumt

gitarrero

finger
berühren saiten
ich schwinge mit

hände
streicheln den hals
meiner schnurrt

körper
bringt den rhythmus
vibrationen in mir

strom
verstärkt die töne
ein kribbeln auf der haut

möchte deine gitarre sein
um deine zärtlichkeit zu spüren

Feuerrose

Feuerrose

orange und gelb

in deinem Garten

sie war

dein Seelenspiegel

du wurdest krank

die Rose grau

die Rose nackt

dein Tod

ich

grub sie aus

schmückte

dein letztes Bett

Feuerrose

orange und gelb

auf deinem Grab

Sie ist

dein Seelenspiegel

Waffen

Das Wort,

das du gesprochen,

hat meinen Willen gebrochen

Deine Waffe,

voller Gift,

tötet, was sie trifft.

Der Dolch,

den du geführt,

hat meinen Hass geschürt.

Das Schwert,

das du benutzt,

hat meine Ehre beschmutzt.

Deine Waffen,

sie sind tödlich,

färben weiße Laken rötlich.

Luftballon

du bist

wie ein luftballon

prall

schön

groß

aufgeblasen

wenn man dich piekt

geht dir die luft aus

du wirst

klein

schlapp

VORSICHT!

mit der zeit

geht jedem ballon

die luft

von allein aus

sonnenschein

ich hebe meine hand
versuche das licht zu greifen
es zu mir zu ziehen

das feuer soll mich wärmen
es ist so kalt
so kalt
innen eiseskälte

meine hand greift ins leere
spürt des feuers hitze
der schein kann trügen
es ist nicht fassbar

die hitze schwelt
der rauch zieht fäden
die hände schlagen blasen

hab mich am sonnenschein verbrannt

Abrupt

Deine Küsse, das Feuer,

heiß, verlangend, brennend,

schon fast schmerzhaft.

Meine Angst, die Nacht,

kalt, schwarz, furchtbar,

unmöglich, ohne dich zu leben.

Der Schluss, ein Blitz,

plötzlich, erschreckend, beängstigend,

wachrüttelnd die Zeit danach.

Der Abschied, ein Messerstich,

schmerzend, verwundend, verletzend,

tödlich trifft es einen.

Das Ende, die Gewalt,

abrupt, schrecklich, heftig,

sinnlos für den Anderen.

Was hab ich getan?

Was hast du getan?

Nun muss ich lügen,
darf dich nicht lieben.
Doch ich kann nicht anders.

Du bist jetzt bei ihr.
Dein Herz ist bei mir?
Du sagst, du liebst mich.

Was haben wir getan?

Ich müsste mich schämen,
mich nach dir zu sehnen.
Ich wünschte, du wärst hier.

Dein Bild an meiner Wand,
ihr Ring an deiner Hand.
Wann werd ich dich sehen?

Was habe ich getan?

Heimat

Heimat, so sagt man,

ist da

wo das Herz ist.

Ich weiß aber nicht,

wo mein Herz

geblieben ist.

Ich hab mein Herz,

es ist lang her,

einmal verschenkt.

Und seitdem

es verschwunden ist,

hab ich auch keine Heimat mehr.

Heimat, so sage ich,

kann auch ein Ort sein,

den man erst finden muss.

Die Welle

Die schwarze Welle
überrollt dich
ohne Vorwarnung.

Sie kommt
und reißt dich mit,
schleudert dich umher.

Eiskalt geschlucktes Wasser
höhlt die Venen aus,
tötet jedes Gefühl.

Die Gischt brennt,
doch du spürst es nicht,
verlierst dich selber.

Bist über und unter Wasser,
alles zugleich
und doch nirgendwo.

Dein toter Körper
ist schwer wie deine Seele,
die fast zusammenbricht.

Die schwarze Welle
schluckt alles,
und spuckt dich krank wieder aus.

Draußen scheint die Sonne

Draußen scheint die Sonne,
Kinder lachen fröhlich.
Es läuft mir kalt den Rücken runter.
Es ist Sommer, ich friere.
Innere Kälte.

Draußen scheint die Sonne,
Kinder essen Eis.
Eis hat meine Seele eingefroren.
Es ist Sommer, ich empfinde nichts.

Innerer Tod

Draußen scheint die Sonne
Kinder spielen laut.
Nichts kommt wirklich bei mir an.
Es ist Sommer, wie durch Watte.
Innere Gleichgültigkeit.

Draußen scheint die Sonne,
Kinder rennen rum.
Stille in dem Kämmerlein.
Es ist Sommer, das macht albern.
Innere Überlegenheit.

Draußen scheint die Sonne,
Kinder toben ausgelassen.
Tränen bilden große Meere.
Es ist Sommer, jedes Jahr.
Innere Grausamkeit.

Am ZOB

Ich hab solang gewartet
Und du hast nichts gewusst.
Nun bist du nicht mehr da.
Ich nehm dann gleich den Bus.

Ich lauf nicht vor dir weg
und ungern hinterher.
Dafür bin ich zu faul
Und mein Denken zu verquer.

Vielleicht hast du jetzt Kombi,
Haus, Hof und all so Sachen.
Und für mich wird es wohl Zeit,
endlich aufzuwachen.

Warum hab ich nichts gesagt?
Wozu hab ich denn den Mund?
Ich hab jetzt leider gar nichts,
und du Kind, Frau und Hund.

Ich dreh mich einfach um,

schau mir die Leute an.

Sicher ist auf dieser Welt

noch ein andrer schöner Mann.

❦

Eiseskälte

Eispanzer legt sich um mein Herz.

Kälte friert ihn ein, den Schmerz.

Nichts kommt an die Nervenbahn,

dass ich nichts mehr fühlen kann.

Kein Feuer wird mich wärmen mehr,

Lachen fällt unendlich schwer.

Der komplette Gefühlsverlust.

Nicht mal Hass in meiner Brust.

Lebensmuskel abgestorben,

kann Organe nicht versorgen.

Gräulich krank stinkt die Nekrose,

Zellen ohne Metamorphose.

Weiblichkeit ging längst verloren.

Menschlichkeit ist zugefroren.

Innen kalt, außen rau.

Nie mehr wieder eine Frau.

Lass mich los!

Es ist ewig her,

vergessen habe ich dich nicht!

Ich denke oft,

lass mich los!

Die Gedanken an dich

halten mich fest,

winden sich

wie eine Schlange um mich.

Je mehr ich mich wehre,

desto fester halten sie mich.

Ich bitte dich,

lass mich los,

geh aus meinen Gedanken!

Du kannst nichts mehr für mich tun!

Du kommst nie mehr zurück.

Vielleicht sollte ich

das mehr bedenken

und dich endlich los lassen.

Katertier

In der Sonne aalst du dich,
so lang, wie es nur geht.
Wie aus Erdöl hin gegossen
schimmert deine schlanke Gestalt
schwarzgolden in dem Licht.

Funken sprühen
aus tiefgrünen Smaragden.
Die Hitze wärmt deinen Pelz,
wohlig windest du dich auf den Steinen.

Ein stimmungsvolles Schnurren
entrinnt deiner Kehle.
Ich strecke meine Hand aus
und mir ist,
als lachtest du mich an.

Wie ein Onyx leuchtet deine nasse Nase

und tiefe Zuneigung

spricht aus deinen Augen.

Ich zerwühle dein Fell,

du schnappst spielerisch nach meinem Finger.

Erinnerst mich daran,

dass du ein wildes Tier bist.

鼇䚹

in mir

eine dünne frau

sie ruft:

lass mich raus!

fett dämpft

Gleich ist gleich ist gleich

Ich sitze hier,

sollte erfüllt sein

von Lachen und Liebe.

Nur scheint mir das Leben

eine homogene Masse.

Keine Wellen,

die mich tragen.

Weder oben noch unten.

Wenn ich ehrlich bin,

fehlt mir das vertraute Rot

meiner Manie.

Selbst die Einsamkeit

ist nicht mehr die meine.

Ihr gabt mir einen Anker,

damit ich auf dem Teppich bleibe.

Ist es von Bedeutung,

was ich denke?

Fühle?

Hauptsache

ihr seid sicher.

Und macht mich gleich.

Macht mich gleich!!!

Suchen/Finden

Die Nacht

ruft meinen Namen

mit deiner Stimme.

Dann stehe ich auf,

suche dich

und finde

nichts,

außer dunklen Schatten

im kalten Mondlicht.

Irgendwann

falle ich in einen traumlosen Schlaf.

Morgens

bilde ich mir ein,

das Bett neben mir

wäre noch warm

und atme deinen Duft.

Fühle deine Haut.

Doch wenn ich meine Augen öffne,

ist der Platz an meiner Seite

ungenutzt.

Eines Tages

werde ich dich

im Tageslicht finden.

Alles beim Alten

Die Liebesschwüre,

die gelallten,

dein postpubertäres Verhalten.

Alles beim Alten!

Dahingesagte Worte

die verhallten,

die das Herz in Hälften spalten.

Schlaue Synapsen

können schalten,

doch halten nichts stand den Liebesgewalten.

Alles beim Alten!

Mit Gefühlen,

die mich überwallten

fiel ich anheim der Liebe, der geballten.

Alles beim Alten!

Du in meiner Tasche,

der winzigen, alten

so klein werd ich dich falten.

Wenn auch deine Hände

in meine Seele krallten,

will ich dich doch bei mir behalten.

Alles beim Alten!

Einsames Mädchen

Sie sah aus dem Fenster,

sah nicht die Welt,

sah nur Gespenster.

Die schwirrten ganz schnell

um sie herum.

Dabei war es noch hell.

Des Mädchens Blick war so stumpf.

In ihrer Hand

hielt sie einen Strumpf.

Sie hielt ihn umschlungen,

als wär er es wert,

um ihre Knöchel gewunden.

Warum sie das tat,

erfahre ich nie.

Das Leben ist hart.

Ich wollt mit ihr reden,

doch traf ich sie nie,

auf all meinen Wegen.

Dort nur hat sie gesessen,

direkt am Fenster.

Werd nie sie vergessen.

Kurz vor dem Regen

am tisch

sie lacht gebraucht

er schlägt drauf ein

die schale platzt

am vormittag

er aus dem haus

wind fegt wolken

sie den boden

am mittag

lunch mit lachen

essen mit kindern

hausaufgaben mit doppelsinn

am abend

ihm die zeitung

ihr die wäsche

(un)gemeines schweigen

die nacht

fette tropfen an der scheibe

leise tropfen im gesicht

einsamer entschluss

nächster morgen

wolkenbrüche in der küche

herzen brechen dabei auch

knochen diesmal nicht

Unangepasst

Mein Vater so jung

Hosen mit Schlag

Dutschke war groß

San Franzisko zentral

Blumen im Haar

Rauch roch nach Gras

Liebe überall

Tee beim Love-In

Ich trug viel schwarz

Haare gebleicht

Friedhof bei Nacht

Rosenkranz um den Hals

Gedanken zum Tod

Schlafen im Sarg

Rotwein als Blut

und die Umwelt geschockt

Ein Hippie war er

Gruftie war ich

Junge sind so

Und so soll es auch sein

Was wird mein Kind

wenn er alt genug

Was dann auch kommt

Für ihn wird's richtig sein

Der Drache

geschwungene Flügel
trugen mich fort zum Horizont
manchmal zu weit
umhüllten mich an dunklen Tagen
ließen mich frieren
und wärmten mich doch

hab mit dem Drachen gekämpft
ihn manchmal bezwungen
dann wieder nicht

ich hielt ihn zwanglos
er blieb mir treu
in all meinen Tagen

mal führte ich ihn
mal regierte er mich
perfekte Dualität

so sollte es nicht bleiben

unbedacht nahm ich ihm

sein goldenes Vlies

tief in mir drin

wo der Drache nun ruht

ist immer noch Glut

irgendwann kommt der Tag

an dem er erwacht

mit mächtigen Charakter

ich wird mich verlieren

um ihn neu zu finden

gemeinsam wieder auferstehen

Limbo

Eisaugen verfolgen mich
bei Tag und bei Nacht.
Kann nicht vergessen.
Hass sprühte mir entgegen,
zündete die Angst,
die mich zerfrisst.
Vodka gab neuen Zunder
ins Feuer der Panik,
das mich umzingelt.
Scham ist der Knebel
und Schuld ist die Fessel.
Sie binden mich an die Einsamkeit,
die in mir wohnt,
die kein Schutzwall ist,
obwohl sie´s sein sollte.

Kalt das Herz,
doch die Seele brennt
in Flammen der Vorwürfe.

Dir gehören

Möcht sein für dich der Lebenswille.

Dein Rauschen in der Meeresstille.

Der Strand unter deinen Füßen

und süßer als des Nachbars Kirschen.

Möcht für dich den Himmel sehen,

neue Wege mit dir gehen.

Bin über jeden Fluss die Brücke

und im Notfall deine Krücke.

Lass mich deine Zukunft sein,

wie die Sonne hell dir schein'.

Lass dich fallen in meine Hände,

reiße nieder deine Wände.

Komm und reich die Hände mir,

dann gehör ich völlig dir.

Will mit dir zusammen sein,

ohne Kummer, ohne Pein.

Wisse, du kannst mir vertrauen,

deine Festung auf mir bauen.

Ich kann dich das Leben lehren,

das Lieben und das Begehren.

Verwesung

Schuld frisst Löcher

In einen toten Körper.

Am Hass gegen das Ego erstickt,

stinkend vor sich hin modernd.

Schwarzes Blut tropft

aus gekratzten Wunden,

wo das Messer nicht hinkommt.

Faulig liegt die Seele im eigenen Dreck,

der seit Jahren nicht gekehrt wurde.

In Tüten gestapelt

hinter einer schlecht verputzen Fassade,

die abbröckelt,

versteckt sich die Angst.

Selbstgerichtet

stirbt das innere Kind

und deckt sich zu.

Mit dem grünweißen Pelz

der Verwesung.

Emotional instabil

Gepresste Wut
versteckt hinterm Grinsen.
Ein Eiterherd aus gelbem Hass,
gerichtet gegen dich.
Wenn es ausbricht
ergießt es sich
wie Lava über andere.

Trommelschläge
aus Zorn
treffen die Unschuld,
die verzweifelt versucht,
dein Gutes zu sehen.
Doch du versteckst es erfolgreich
unter Bergen von Arroganz.

Ganz hinten
glitzert Hilflosigkeit
und die Sehnsucht
nach einer Umarmung.

Waschgang

Deine Gefühle möchte ich sortieren.
Leg deinen Kopf in meinen Schoß.
Sprich es aus und lass sie fallen,
ich fange sie alle auf.

Wasche sie mit sanften Händen,
gebe sie in einen Durchschlag.
Das Gute werd ich bergen,
trocknen, bügeln, legen.

Ich räume auf
In deinem Herzen.

Der Staub des Vergangenen
wird gehalten von meinem Tuch.
Zurück in deine Seele
kehren das Lachen
und die Liebe.

Das Schlechte

behalt ich für mich,

weggeschlossen in einem Panzer aus Stahl.

Den Schlüssel

schmeiß ich weg

🦂

Trunksucht

Es war mal 'ne Frau aus Bayern,

die hatte was zu verschleiern.

Sie trank gerne Wein

und am liebsten Allein.

Ihre Sprache war nachher ganz bleiern.

Mit ihrem Freund zog sie in den Norden

und er wär dort glücklich geworden.

Sie fühlte sich klein,

trank Korn nun zum Wein.

Dafür gewinnt man kein' Orden.

Ihr Freund, er war jünger als sie,

ihre Flaschen, die fand er nie.

Sie trank nur im Bad

und fand das ganz fad.

Eines Tags ging er fort und sie schrie:

„Lass mich bitte nicht allein,

ich wollt doch niemals hier sein!"

Und aus ihrer Tasche

holte sie eine Flasche

und goss großzügig für sich einen ein.

Es kommt aber leider noch schlimmer.

Die Frau hatte nämlich zwei Kinder.

Eines groß, eines klein

und sie schlug drauf ein.

Gefühle auf Wein werden blinder.

Der Große flüchtete zum Vater,

den Kleinen holte er nachher.

Na los Mädel, sauf!

Sie wachte dann auf

und hatte ´nen riesigen Kater.

Krieger vs. Amazone

Der Krieger in dir,
stolz und auch stark.
Unnahbar gibt er sich,
und unsagbar hart.

Er will keinen nah,
steht ganz allein.
Hat ein eiskaltes Herz
und Muskeln aus Stein.

Die Amazone in mir
tanzt gern im Licht.
Liebe im Herzen,
Lachen im Gesicht.

Sie will alles wissen,
fragt immer nach.
Sie spielt oft die Starke
ist trotzdem mal schwach.

Er will mit ihr ringen,

wenn sie ihn bloß neckt.

Er will sie bezwingen,

sie ist doch nur keck.

Er nimmt es für ernst,

für sie ist´s ein Spiel.

Sie nimmt es sehr leicht,

er will viel zu viel.

Sie sind nur zwei Seiten

von derselben Macht.

Sie lebt am Tage,

er in der Nacht.

Seelenfreiheit

Vorbei soll es sein,

für immer.

Doch ihr lasst sie nicht gehen.

Haltet sie fest in dieser Welt,

die sie nie gewollt hat.

Sie sieht sich an,

im Spiegel

ein fremdes Gesicht.

Blick aus lilaumrandeten Augen,

hinein in das traurigste Grün.

Sieht eine Seele,

die sich doch nur nach Freiheit sehnt.

Nach Frieden.

Nach Unendlichkeit.

Doch steckt sie in der Endlichkeit,

gefangen in einem geschundenen Körper.

Lasst sie gehen,

ihr seht sie ja doch nicht.

Euer Blick ist getrübt,

sonst würdet ihr verstehen,

wie sehr eine Seele leidet,

die eine Schändung ihres Körpers überlebte.

2:1

Ich hab´s genau gesehen,

dein inständiges Flehen.

Du batest ganz genau:

Befrei mich von dieser Frau.

Ich bin dann zu dir gekommen,

hab dich einfach mitgenommen.

Nach der allerersten Nacht

hab ich dich zurück gebracht.

Sie wollt dich nicht mehr haben.

Groß war nun der Schaden.

Zu mir komm du bloß nicht,

auch ich will nicht mehr dich.

Zwei Frauen für nur einen Mann,

der nicht mal eine halten kann.

So hast du nun mehr keine

und bleibst dann wohl alleine.

Manchmal bin ich „Ich"

Manchmal bin ich Ich,

manchmal nicht.

Manchmal bin ich Chaos,

manchmal

bin ich in mir selbst unterwegs.

Manchmal bin ich verödet.

Manchmal bin ich klein,

manchmal groß.

Manchmal

macht das Leben keinen Sinn,

manchmal

bin ich der Sinn des Lebens.

Dann weiß ich ganz allein,

wie alles funktioniert.

Kontrolliere die Welt.

Ich suche,

weiß nur nicht wonach,

Eigentlich weiß ich es doch:

Nach mir.

Freundin

Dein Blick ist trübe,
deine Stimme müde.
Deine Haut ist bleich,
deine Stimmung gleich.

Hab dich noch nie so gesehen,
kann es auch nicht verstehen.
Warum lässt du dich gehen?
Was ist denn nur geschehen?
Du bist sonst nicht so zart.
Jammern war doch nie deine Art.
Jemand hat dich verletzt.
Du wirkst wie gehetzt.

Ich lass dich jetzt nicht allein,
ich werd immer bei dir sein,
mit dir lachen, mit dir wein´.
So schlimm kann es nicht sein,
als dass du´s mir nicht sagen kannst,
dass du meine Nerven zertanzt.
Ich bin hier, für dich da,
so wie es immer schon war.

Nicht Fisch, nicht Fleisch

So schön,
hast du gesagt,
sei ich.

Glauben wollt ich
und tat´s doch nicht.
So oft und nie
war´s dir ernst.
Ich hielt es aus
und ertrug es nicht.

Ich ging nicht,
verließ dich aber.
Im Herzen allein,
im Leben mit dir.

So schön,
und schmutzig innen drin:
Hast es gesehen,
doch nicht wahrgenommen.

Warst blind
und geblendet,
sprachst wahre Lügen
aus schmutzigsauberen Worten.

Bis das Ende anfing
und dir einen neuen Anfang gebar.

Im Süden ihres Herzens

Man fragte nie, was sie dachte.
Man prüfte nur, was sie machte.
Man bestimmte, was sie sagte.
Man fand heraus, was sie wagte.

Im Laufe ihres Lebens
versuchte sie meistens vergebens,
allein ihre Taten zu bestimmen,
die Oberhand zu gewinnen.

Man unterdrückte sie einfach,

beschimpfte sie mehrfach.

In dieser Zeit stauten sich Gefühle auf

und die durften nicht raus.

Hass und Wut und Trauer

Bilden in ihr eine Mauer,

die sie nicht durchbrechen kann.

Die Angst hat sie im Bann.

Sie fühlt sich einsam, allein,

ein Herz aus kaltem Stein.

So wurde sie gemacht,

was andere ausgedacht.

Durch Wortprügel abgebrüht,

doch die Freude war verfrüht.

Denn trotz all dieser Hiebe,

ist tief im Süden noch Liebe.

sehnsüchtig

Unaufhaltsam
rasen die Tage an mir vorbei,
ohne dass ich sie richtig wahrnehme

Eigentlich
lebe ich nur in den Stunden
die ich mit dir verbringe.
Verbringen darf.
Den Rest der Zeit
vegetiere ich nur noch vor mir hin.

Wenn ich nicht in deiner Nähe bin,
vertrockne ich förmlich,
um wieder auf zu blühen,
sobald du mich berührst.

Ich weiß ganz genau,
dass du nicht so empfindest.
Nicht auf meine Weise.

Und doch
bin ich immer wieder
deine Rettungsinsel.

Und du mein Lebenselixier.

Wie viele Tage müssen noch vergehen?
Kann einer von uns
auf den anderen verzichten?

Lass Zeit verstreichen!
Lass mich zappeln!
Lass mich verzweifeln!

Doch lass mich nicht sterben
vor Sehnsucht.
Heile mich!
Ich werde dir alles geben,
alles für dich tun,
was immer du willst.

Für immer.

Nirvana

Es flackert das Licht der Kerzen.
Ein tiefer Schmerz in meinem Herzen.
Ich lasse mich fallen ins Nichts,
ein dunkles Nirvana umgibt mich.

Ich hab Angst vor dieser Dunkelheit
und schweb in der Unendlichkeit.
Wärme und Kälte wechseln sich ab,
mal geht es auf, mal geht es ab.

Rette mich, bald ist's zu spät.
Ich merke, wie die Zeit vergeht.
Du lässt mich leiden, leiden,
lässt mich hier für alle Zeiten.

Das Nirvana umschlingt mich fest.

Kann nicht glauben, dass du mich hier lässt.

Ich ertrink in meinem eigenen Schmerz.

Und du brichst lachend mein Herz.

Die Leere in meinem Kopf nimmt stetig zu,

bin rastlos, finde keine Ruh.

Ich verliere meine Selbstkontrolle,

doch spielt das noch eine Rolle?

Du bleibst kühl und unerreichbar,

lächelst zwar, bist doch nicht greifbar.

In meinem Nirvana bleib ich allein.

Ohne dich. So soll's wohl sein.

Die große Mutter

Ich bin das Licht,
ich weiß, du siehst mich nicht.

Ich bin das Sein,
das Brot, das Wasser, der Wein.

Ich bin das Tor,
aus mir kommst du hervor.

Ich bin der Schoß,
meine Brüste zieh´n dich groß.

Ich bin das Meer,
mich trinkst du niemals leer.

Ich bin das Tier,
alles ruht in mir.

Ich bin das Glück,
kehr zu mir zurück.

Ich bin die Erde,
ich war, ich bin, ich werde.

Ich bin das Nass,
die Liebe, der Trauer, der Hass.

Ich bin die Ewigkeit,
Verdammnis und Glückseligkeit.

Sie trägt rot

Sie trägt rot,

sie trägt schwarz,

und sie lebt im Hartz.

Sie ist klein,

sie ist groß,

im Wildwasser auf 'nem Floß.

Sie ist Yin,

sie ist Yang,

tänzelt stolpernd durch den Gang.

Sie ist in,

sie ist out,

ist des Wahnsinns nächste Braut.

Sie ist laut,

sie ist leise,

hat ganz offiziell 'ne Meise.

Sie trägt schwarz,

sie trägt rot,

manchmal wär sie lieber tot.

Sie ist brav,

sie ist fies,

sie ist manisch-depressiv.

Blicke voller Zuversicht

Augen, klar wie Eis,

strahlen mich an.

Vertrauen.

Sterne, Gold und Silber

Stehen am Firmament.

Optimismus.

Diamanten, schön geschliffen,

glitzern geheimnisvoll.

Urvertrauen.

Gold´ne Ringe, schlicht und einfach,

zeigen Zusammengehörigkeit.

Stolz.

Kinderaugen,

verliebte Menschen,

geliebte Menschen

blicken voller Zuversicht

in den weiten Himmel.

Morgen ist Heute Gestern

Gestern

feierten wir ein Fest

Heute

steigen Nebel auf

Leichtigkeit geht verloren

wenn Stimmen im Kopf summen

Sie singen

von verlorenen Seelen

von verpassten Chancen

Opake Blicke

Schale Würze

Die Welt versinkt

in schmutzigockergelb

Morgen

weinen wir dem Heute nach

Puppen an Fäden

punktgenaue Ovationen

wenn Versprechen

Kreuze locken

doch gebrochen

jedes Wort

straffe Fäden

strangulieren

Puppenspieler

sind die Großen

Kleine

werden klein gehalten

schnipp und schnapp

alte Puppen

kranke Puppen

Puppen die nicht folgen

große Worte

kleine Taten

und die Puppenspieler lachen

Hannah-Lea

In bunte Laken sie sich hüllt,
die Einsamkeit wird so geschönt.

Dem Lachen schenke keinen Glauben,
nur der Trauer in ihren Augen.
Nicht der Haut, die sie oft zeigt,
nicht der gespielten Heiterkeit.

Du musst schon ganz genau hinsehen,
willst ihre Spielchen du verstehen.

Doch eher nicht lädt sie dich ein,
sondern ist des Spiegels Schein.
Glitzert leuchtend, etwas schrill,
zeigt ihr ICH nur wem sie will.

Nur wenn du sie tragen kannst,
kriegst du vielleicht die kleinste Chance
zu erkennen, wer sie ist.

Dann zeigt sie dir, wer DU bist.

Der erste Mann

Die Liebe ist
vor langer Zeit
aus meiner Welt gefallen.

Ich bleib zurück,
blind, stumm und taub
und von deiner Art enttäuscht.

Ich suchte mich,
erkannte dann:
allein will ich nicht leben.

Nun such ich dich.
Ich geb nicht auf.
Ich werd dich sicher finden.

Dann werde ich,
wie Eva einst,
Adam in dir erkennen.

Liebe

Sie küsst
unerwartet
zart

sie beißt
unerbittlich
schnell

sie lacht
mit dir
über dich

sie ist
blitzschnell
hin und weg

du bist
ihr knecht
und meister

Assimilation

Das beliebte Barbiturat

macht mich zum Traumkastrat.

Ich brauch keinen Denunziant,

denn es ist ja eklatant,

die Droge, und ihr wisst, es stimmt,

stets die Oberhand gewinnt.

Auch wenn ich mich betäuben soll,

in mir wohnt stets derselbe Troll.

Er ist zurzeit nur wohlsediert,

dadurch wirk ich assimiliert.

Eigentlich bin ich unangepasst,

und ich weiß, dass ihr es hasst.

Drum soll ich mich angleichen,

doch nie werdet ihr erreichen,

dass ich mich selbst verkaufe.

Lass meine Seele nur verschnaufen.

Bin nicht in der Droge Hand,

nur habt ihrs noch nicht erkannt.

Ich lass mich nicht verbiegen,

nie werdet ihr endsiegen.

Ich bin ich und immer ich,

stets und immer wieder ich.

Weil diese hübschen kleinen Pillen

ein geheimes Glas nur füllen.

Vogelfrei

Lieber Vogel

dort am Fenster

singst du mir ein Lied

von dem Leben

von der Freiheit

wenn es sie denn gibt

Sing es schön

sing es laut

oder sing es auch ganz leise

Bin gefangen

in mir selber

in einer dunklen Weise

Dreimal schließen

dreimal klopfen

immer wieder drei

sagen, machen

zählen, denken

wär wie du gern frei

Seine Augen

Es war

das Blau

seiner Augen,

das den Damen gefiel,

sie verwirrte

im Denken

Es war

seine Kraft,

die sie wünschten

zu erleben.

Wie der Apfel im Garten Eden.

Heute ist´s

Das Gelb

seiner Augen;

das den Menschen missfällt

und sein

verwirrtes Denken.

Es ist

sein Gestank,

den sie wünschen,

nicht zu riechen.

Nur noch der Wurm im Apfel.

Merry Konsum

Massen von Menschen in riesigen Hallen.
Lautsprecher, die bleiern schallen.
Oh du Fröhliche schon im November.
Die ersten Weihnachtsmänner gab's im September.

Die Wünsche der Kinder sind riesengroß,
wenn sie klettern auf Santas Schoß.
Beachte, dass aus der Weihnacht Christmas wird,
die Heilige Nacht wird amerikanisiert.

Geschenke, perfekt doch ohne Liebe verpackt,
per Lieferservice zum Empfänger gebracht.
Arbeitslos sind Rudolph und Kollegen,
können für 'nen Euro die Blätter fegen.

Denn wie auch im letzten Jahr,
gibt's grüne Weihnacht – wunderbar!

Santa kauft im Discounter ein,
am Stand trinkt er Tetrapack-Glühwein.

Und mittendrin – man sieht ihn kaum –
steht der schwerentflammbare Plastikbaum.

Es gibt eine neue alte Tradition,
den Streit um den Wert der Geschenkeaktion.
Wer kann zahlt mit dem guten Namen,
auf Pump die vielen Weihnachtsgaben.

Kommt dann die Rechnung im neuen Jahr,
ist das Geschenk oft gar nicht mehr da.
Denn erhält man auch den Dankeskuss,
Januarumtausch ist halt ein Muss.
Es wird eine üppige Bescherung,
des Konsums rosarot Verklärung.
Das gibt ein tolles Kuckucksnest.
In diesem Sinne

Frohes Fest

Wünsche

Sie wünschte sich ein Leben,
sie hatte viel zu geben.
Sie wollt auch viel bekommen,
den Wunsch hat wer genommen.

Sie wünschte sich zu sterben,
zu Staub und Asche werden.
Mit dem Wind zu wehen,
sie wollte nur noch gehen.
Sie hatte aufgegeben,
da entstand ein neues Leben.
Es wuchs in ihrem Bauch,
der Wunsch zu leben auch.

Das Leben ward geboren,
sie war nicht mehr verloren-
Mit dem babyweichen Glück
kam die Fröhlichkeit zurück.

So ist sie hier geblieben

und wünscht für ihre Lieben,

dass ihr bestimmter Todestag

noch lang nicht zu ihr kommen mag.

❦

Männer

Jeder der Größte!

Öfter versprechen sie

Riesige Geschenke

Glaube ihnen nie!

Jasager und

Ehebrecher!

Neigen doch alle zur

Selbstüberschätzung!

Ohne unsere

Liebe sind sie

Irgendwann

Verloren im Leben

Ewige Kinder

Raufen sich im Dreck

Keine Frau auf

Erden mit

Verstand will auf

Ihren Liebsten verzichten

Niemals!

promisk

Flinke Zunge, Löwenmähne,
wenn sie lacht, weint die Hyäne.
Lippen rot und Augen blau,
dumm wie Stroh, hält sich für schlau.

Augenaufschlag, Feuer bitte.
Silikon in ihrer Titte.
Heiße Luft in sei´m Gehirn,
tut er so, als tät´s nicht stör´n.

Lacht sie über seine Witze,
proben sie bald Liegestütze.
Hoffentlich mit Gummi drüber.
Jeder rutschte schon mal rüber.

Ist sie christlich? Nächstenliebe
steuert doch nur ihre Triebe.
Sie liebt jeden nächsten Man,
jeder kommt bei ihr mal dran.

Wenn sie dann nebenbei erwähnt,

wonach sie sich im Herzen sich sehnt,

ist er ganz schnell aus der Tür.

Es will keiner SIE dafür.

Sie ist doch nur wie jede Frau,

besieht man sie mal ganz genau.

Ist sie auch doof wie getoastet Brot,

wünschte sie auch nur Liebe bis zum Tod.

Doch bei ihrem Lebenswandel

hat keiner Lust, fest anzubandeln.

Sie hat einen schlechten Ruf,

den sie selber auch mit schuf.

Ihr Bett kennt sie meist nur zu zwein.

Morgens isst sie dann allein.

Abends zieht sie wieder los,

lädt den nächsten in ihr'n Schoß.

Immer wieder wird sie es tun,

etwas in ihr lässt sie nicht ruh'n.

Ein Loch, zum Füllen viel zu tief,

egal, mit wem sie auch schlief.

Wiedergeboren

Ich hörte dich sprechen.

und stieg aus den Fluten
meines Tränenmeers,
weißer Film auf wunder Haut.

Du küsstest ihn fort,
den salzigen Geschmack
der Verbitterung.

Da wusste ich,
dass Liebe immer siegt.

Über tredition

EIN EIGENES BUCH VERÖFFENTLICHEN

tredition wurde 2006 in Hamburg gegründet. Seitdem hat tredition mehrere tausend Buchtitel veröffentlicht. Autoren veröffentlichen in wenigen leichten Schritten gedruckte Bücher, e-Books und audio-Books. tredition hat das Ziel, die beste und fairste Veröffentlichungsmöglichkeit für Autoren zu bieten.

tredition wurde mit der Erkenntnis gegründet, dass nur etwa jedes 200. bei Verlagen eingereichte Manuskript veröffentlicht wird. Dabei hat jedes Buch seinen Markt, also seine Leser. tredition sorgt dafür, dass für jedes Buch die Leserschaft auch erreicht wird.

Im einzigartigen Literatur-Netzwerk von tredition bieten zahlreiche Literatur-Partner (das sind Lektoren, Übersetzer, Hörbuchsprecher und Illustratoren) ihre Dienstleistung an, um Manuskripte zu verbessern oder die Vielfalt zu erhöhen. Autoren vereinbaren direkt mit den Literatur-Partnern die Konditionen ihrer Zusammenarbeit und partizipieren gemeinsam am Erfolg des Buches.

Das gesamte Verlagsprogramm von tredition ist bei allen stationären Buchhandlungen und Online-Buchhändlern wie z. B. Amazon erhältlich. e-Books stehen bei den führenden Online-Portalen (z. B. iBookstore von Apple oder Kindle von Amazon) zum Verkauf.

Jetzt ein Buch veröffentlichen: **www.tredition.de**

EINE BUCHREIHE ODER VERLAG GRÜNDEN

Seit 2009 bietet tredition sein Verlagskonzept auch als sogenanntes "White-Label" an. Das bedeutet, dass andere Personen oder Institutionen risikofrei und unkompliziert selbst zum Herausgeber von Büchern und Buchreihen unter eigener Marke werden können. tredition übernimmt dabei das komplette Herstellungs- und Distributionsrisiko.

Zahlreiche Zeitschriften-, Zeitungs- und Buchverlage, Universitäten, Forschungseinrichtungen, u.v.m. nutzen diese Dienstleistung von tredition, um unter eigener Marke ohne Risiko Bücher zu verlegen.

Alle Informationen im Internet: **www.tredition.de/Buchverlage**

tredition wurde mit mehreren Innovationspreisen ausgezeichnet, u. a. Webfuture Award und Innovationspreis der Buch-Digitale.

tredition ist Mitglied im Börsenverein des Deutschen Buchhandels

Zeitfracht Medien GmbH
Ferdinand-Jühlke-Straße 7
99095 Erfurt, Deutschland
produktsicherheit@kolibri360.de